Lasse Los

Im Staunen bin ich freigesetzt

Lasse Los, Nachkriegsmodell Baujahr 1947, Diplom-Pädagoge, Psychologischer Berater, Liedermacher und Dichtender, kurzum: Passionierter und mittlerweile pensionierter Mitmensch, beruflich in verschiedenen sozialpädagogischen und psychologisch beratenden Feldern, auch spirituell begleitend, kreativ tätig gewesen, seit mehr als 25 Jahren seine Lebensweisheiten (ver)dichtend aktiv.

Im Dank

Sieh` da, ein Kelch,
ein Trank dem Durst!

Nimm hin und trinke,
Schluck für Schluck
und Glück auf
Glück.

Im
Dank
reichst Du
den Kelch zurück.

Lasse Los

Lasse los

Im

Staunen bin ich

frei

gesetzt

GEDICHTE, LIEDER, TEXTE

*Bibliografische Information der Deutschen Nationalbibliothek:
Die Deutsche Nationalbibliothek verzeichnet diese Publikation in der
Deutschen Nationalbibliografie; detaillierte bibliografische Daten sind im
Internet über http://dnb.dnb.de abrufbar.*

© 2016 Name des Autors/Rechteinhabers: Lasse Los

*Umschlaggestaltung: Lasse Los
Edition LOS Band 1.02
lasselos@email.de*

*Herstellung und Verlag:
BoD - Books on Demand,
Norderstedt*

ISBN: 978-3-7392-2180-9

Inhaltsverzeichnis

Wer kurz erwacht   9

Und will doch Hören lernen!

- Sehnsucht nach dem Flachland?   11
- Den Weg zurück?   12
- Und will doch hören lernen!   13

Träume sind besond`re Schäume *(Lied)**   15

Es träumte mir ... (Kernträume)

- Überlebtes taugt nicht mehr   17
- Stillender Traum   18
- Traumlösung der zwei Lebensweisen   19
- Eingeborene Lichtgestalt   20
- Umkehr-Kurs im Warten   21
- Umgang mit dem Schatten   22
- Traum vom achtsamen Hören   23
- Traum vom Ur-Sprung   24
- Traum von der Zeit   25
- Traum vom Sterben   26
- Traumbegegnung mit einer Toten   27
- (BE)FREMD(L)ICH   28
- Im NUN präsenter Plusgestalt   29
- Von ALLEM in Allem   30
- Traum-(Be)scherung   31
- Präsenz erbarmender Vergebung   32
- Als ich das bess`re Leben suchte ...*   34
- Wahrheitsklammern   41

Auf dem Traumfluss wandeln

- Wirklichkeitsvertonung 43
- Im gehandelten Symbol 44
- Schlüsseldienst 45
- Fingerzeig 46
- Erwachen und Gewahren 47

Wenn .... dann ... (Lied)* 49

... und ich erwache traumgeläutert 51

Transformation (Lied)* 62

Im Staunen bin ich freigesetzt

- Sinnentraum 64
- Tropfentrotzig 65
- Rahmenfreie Weise 66
- Durchkreuzende Bejahung pur 67
- Besuch bei einem Sterbenden 68
- Jetztseits angekommen 69
- Stillende Präsenz 70
- Der Wirt der Stille 71
- Im Staunen bin ich freigesetzt 72
- Und es hebt ein Jubel an 73
- Das große Los 75

Memento Mori (Lied)* 77

WAEHL T – wAEHLT (Sprachbild mit Geschichte) 79

Wem willst Du Dich anvertrauen? (Lied)* 81

WACH UND PRÄSENT

- Aufgewacht - Aufgemacht 83
- Seh(n)end 84
- D A - im - N U 85
- Es lichtet Dich 86
- Nicht verschanzen: LEBEN TANZEN 87
- WACH UND PRÄSENT 88

Spüren – Spuren – Sich versprühen 90

Denk` mal nicht soviel *(Kanon)* * 92

* **Anmerkungen** 94

Wer kurz erwacht

Erwacht aus Traumwelten

*Wer kurz erwacht zum GANZEN LEBEN,
der fühlt sich fremd in seiner Welt.
Sie zeigt sich ihm, dem Traum ergeben,
der sie in seinem Banne hält.*

*Ach, würde sie doch auch erwachen
und sich im Wachsein selbst gewahren!
Sie könnte endlich das entfachen,
was sie gesucht im Traumgebaren.*

*Doch gähnt sie dumpf nur aus dem Rachen
und fühlt sich wohl in ihren Räumen.
Sie will noch lange nicht erwachen,
lädt alle ein zum Weiterträumen.*

*Wer kurz erwacht zum GANZEN LEBEN,
der fühlt sich frei in seiner Welt,
die vor ihm liegt, noch traumergeben,
und sich im Traumgebannten wellt.*

Und will doch hören lernen!

Sehnsucht nach dem Flachland?

Willst Du, als des Raumes Wesen,
normgerecht im Flachland leben,
wirst Du nach dem Flachen streben,
Dich den Flachländern ergeben,
in dem Glauben zu genesen.

Wirst auf allen Vieren kriechen,
Dich als Flächler nur noch pflegen,
Deine Plus-Gestalt ablegen,
robbend Dich nur fortbewegen,
flach gemacht dahinsiechen.

Deine Seele wird Dich quälen,
weil Du doch ein Räumler bist.
Du sollst Dir den Raum erwählen,
der für Dich die Basis ist,
zu bestehen im Lebenszwist.

Wirst Du Deiner Seele lauschen,
ihre Botschaften erhören
und mit ihnen Dich empören,
Deinem Flächlersein abschwören,
Flachland mit dem Raume tauschen?

Den Weg zurück?

Wer auf Kopf
steht, der steht Kopf
als ein nur-mentaler Tropf,
sieht die Welt verkehrt herum,
bleibt trotz aller Bildung
dumm.
Es sei denn, es packt beim Schopf ihn
nun sein Schicksal, stellt vom Kopf ihn
auf noch
wackelige Füße,
dass das Leben er begrüße
im vollzogenen Umkehrblick.
Wünscht er noch den
Weg zurück?

Und will doch hören lernen!

Hält sich die Ohren zu,
hört nur sein Eigenbrummen!
Die Welt lässt ihn in Ruh`!
Sie liegt für ihn im Stummen.

Er will von seinen Ohren
die Hände nicht entfernen!
Und will doch hören lernen!
So handeln nur die Toren!

Er übt sich ein ins Hören,
bemüht sich mit Elan
und merkt nicht seinen Wahn,
sich selber zu betören.

Erst wenn ihn sein Bemühen
in die Verzweiflung treibt,
wird ihm vielleicht erblühen,
was immer ist, was bleibt.

Wird er dann seine Hände
von seinen Ohren lassen!?
Es öffnen sich ihm Wände.
Wird er es jetzt erfassen?

Er konnte immer hören!

(Männliche Wahr-iante)

Hält sich die Ohren zu,
hört nur ihr Eigenbrummen!
Die Welt lässt sie in Ruh`!
Sie liegt für sie im Stummen.

Sie will von ihren Ohren
die Hände nicht entfernen!
Und will doch hören lernen!
So handeln nur die Toren!

Sie übt sich ein ins Hören,
bemüht sich mit Elan
und merkt nicht ihren Wahn,
sich selber zu betören.

Erst wenn sie ihr Bemühen
in die Verzweiflung treibt,
wird ihr vielleicht erblühen,
was immer ist, was bleibt.

Wird sie dann ihre Hände
von ihren Ohren lassen!?
Es öffnen sich ihr Wände.
Wird sie es jetzt erfassen?

Sie konnte immer hören!

(Weibliche Wahr-iante)

Träume sind besond`re Schäume (Lied)*

Refr. A: Träume sind nicht immer Schäume!
Jetzt und hier eröffnen sie Dir
unbekannte neue Räume.
Hat Dein Leben sich verfahren,
offenbaren Träume manchmal
Lösungen im Unlösbaren.

1. In des Lebens Wirrungen,
selbstverkeilt als Konkurrent,
verlacht der Traum Dir vehement
Deine Selbstverirrungen.
In des Lebens Wirrungen,
verknäuelt in Hass und Sympathien,
hilft der Traum mit Strategien
der Abwehr von Verirrungen.

Refr. A: Träume sind nicht immer Schäume ...

2. In des Lebens Wirrungen,
mitten in den Turbulenzen,
mahnt der Traum zu Konsequenzen,
zum Auszug aus den Irrungen.
In des Lebens Wirrungen,
im Gestrüpp von Neid und Gier,
weist der Traum auch häufig Dir
Wege aus Verirrungen.

Refr. A: Träume sind nicht immer Schäume ...

3. In des Lebens Wirrungen,
auf der Suche nach dem Heilen,
lässt Dich der Traum geheilt verweilen
diesseits aller Irrungen.
In des Lebens Wirrungen,
in manch` zerbroch`ner Lebensart,
führt Dich der Traum aus Irrungen
zum Ursprung in der Gegenwart.

Refr. B: Träume sind besond`re Schäume!
Jetzt und hier eröffnen sie Dir
hilfreich die zentralen Räume.
Hast Dein Leben Du verfahren,
offenbaren Träume manchmal
Lösungen im Unlösbaren.

Es träumte mir ... (Kernträume)

Überlebtes taugt nicht mehr

Morsch und fällig ist mein Leben, sagt im Wachtraum mir ein Bild.
Soll aus ihm mich jetzt erheben, ignorier`n, was nicht mehr gilt.

Überlebte Schutzgebärden
taugen nicht mehr für den Schutz,
mehren nur noch die Beschwerden,
denn es reißt nicht nur im Putz.

Morsch und fällig ist mein Leben, sagt im Wachtraum mir ein Bild.
Soll aus ihm mich jetzt erheben, ignorier`n, was nicht mehr gilt.

Überlebte Sichtweisen
taugen nicht mehr für das Sehen,
sollen mich nicht weiter speisen,
kann mit ihnen nicht bestehen.

Morsch und fällig ist mein Leben, sagt im Wachtraum mir ein Bild.
Soll aus ihm mich jetzt erheben, ignorier`n, was nicht mehr gilt.

Überlebte Wichtigkeiten
taugen nicht für`s Wichtige,
blenden mich mit Nichtigkeiten
für`s verborg`ne Richtige.

Morsch und fällig ist mein Leben, sagt im Wachtraum mir ein Bild.
Soll aus ihm mich jetzt erheben, ignorier`n, was nicht mehr gilt.

Stillender Traum

Vor dem
Lärm im Gedärm
der gemeinsamen Welt
fliehe ich im Traum als Wurm,
such` im Wurmfortsatz die Stille.

Totenstille
aber
stinkt!

Ich
verlasse
diesen Ort und
gerate an den After,

werde einfach ausgebürgert
in ein ungeheuerliches
neuerliches Leben.

Traumlösung
der zwei Lebensweisen

Und im Erwachen schaut` ich noch die
Lösung, die der Traum mir schenkte,
damit das Joch, aus dem ich kroch,
mich nicht erneut mit sich bedrängte.

Ich sah vor mir zwei Lebensweisen,
ins Leben mich hinein zu stellen:
Die eine ließ mich schnell ver-
waisen! Die and`re half,
mich zu erhellen!

Die
eine bot mir
Mittel an in mei-
nen Sachen, Sorgen,
Sichten. In ihr wurd`
ich ein reicher Mann!
Doch musst` ich auf
MICH-SELBST
verzichten.

Die
and`re sucht`
mich zu durchlichten:
Das war ihr einziges Präsent!
In ihr konnt` ich mich aufrichten!
In ihr konnt` ich M I C H - S E L B S T verdichten
in P l u s g e s t a l t zum M e n s c h e n m e n s c h.

Eingeborene Lichtgestalt

Vor einer Weile träumte mir
von unserer aller Lebenssinn.
Und ich genoss das Traumplaisir
als ungeahnten Hauptgewinn:

Ein jeder kam aus Allem-Licht
als lichtgeformter Pflasterstein.
So schaute ich das Traumgesicht
im unerschöpften Bilderhain.

Die Steine formten eine Bahn,
die aus dem Licht ins Dunkel führte.
Und dort erlagen sie dem Wahn,
nur Stein zu sein, der Wege zierte.

Doch schaute ich den Rückweg auch
vom Dunkel in erneutes Licht,
heraus aus finsterem Gekrauch,
wenn Hartes und Ergrautes bricht.

Die Steine lichteten sich neu,
entdeckten ihren Wesenshalt
im transparenten Lichtgebräu
als eingeborene Lichtgestalt.

Umkehr-Kurs im Warten

Der Garten ist verwildert!
Das Haus ist ausgebrannt!
Nichts wird mehr abgemildert:
Ich habe mich verrannt!

Im Leiden bin ich ausgegoren
und habe NUN begriffen:
Ich werde neu geboren,
das Alte wird mir weggeschliffen!

Das Haus wird schon erneuert,
so habe ich geträumt.
Der Schutt wird weggeräumt!

Ein neuer Kurs gesteuert,
ein Umkehr-Kurs im Warten
in unserem Haus und Lebensgarten.

Umgang mit dem Schatten

Ein Schattentraum befiel mich letzte Nacht
und lehrte mich den Umgang mit dem Schatten.
Er hat mich zu der Einsicht gebracht,
längst überlebte Sichten zu bestatten.

Ein Jäger kam mit Jagdhund mir entgegen.
Sein Hund, er fiel mich an und schnappte zu.
Er ließ von seinem Herrn sich nicht bewegen,
den Biss zu lockern am Schaft von meinem Schuh.

Es half uns weder Zureden noch Brüllen.
Je mehr ich zog, je mehr biss er sich fest.
Von Angst erfüllt, vom Angstschweiß durchnässt,
stieg Ratlosigkeit auf, uns einzuhüllen.

Als nun der Jäger, um mich endlich zu befrei`n,
den Hund erschießen wollte, hielt ich ihn zurück.
Mir kam - urplötzlich, zu unser aller Glück -
der Einfall zur Errettung aus der Pein.

Ich streichelte und kraulte diesen Hund.
Ich redete beruhigend auf ihn ein.
„Aus Angst nur zugeschnappt!" war mein Befund.
Drum half auch jetzt kein Drohen und kein Schrei`n.

Nach einer Weile schwand uns die Erregung.
Der Hund vertraute mir und ließ mich frei.
Es kam zu einer neuen Begegnung.
Der Rede mächtig, sprach der Hund: „Verzeih!

Es fuhr die Angst in mich, als ich Dich sah.
Ich schnappte zu, um sie sofort zu bannen.
Vor meinen Tod hast Du mich, das ist klar,
gerettet!" Und seine Tränen rannen.
Im Traume wurde er zu meinem Freund,
der weiterhin durch meine Träume streunt.

Der Traumes Botschaft habe ich vernommen:
Verständnis nur und Handeln im Vertrauen
entbinden uns aus selbstverknüpften Tauen,
in deren Schattenhaft wir sonst nur verkommen!

Traum vom achtsamen Hören

Im Nachttraum sollte ich bekennen,
woran mein Herz im Tiefsten hängt,
im Wesentlichen klar benennen,
was mich mit seinem Sein umfängt.

Als ich nun sprach, noch scheu und klamm,
von dem, was sich mir nahe legt,
vermehrte sich der Hörerstamm
und lauschte sichtlich stark bewegt.

Man forderte mich auf, noch mehr
von meinen Sichten zu berichten.
Von überall, von kreuz und quer,
erschienen sie, mir beizupflichten.

Als dann sogar noch Tiere kamen,
um sich im Hören zu vereinen
mit all` den anderen Aufmerksamen,
da musste ich vor Rührung weinen.

Und ich erwachte tränenklar.
Es klang in mir noch nach von Innen:
Die Botschaft ist nicht eingrenzbar.
In ihr wirst LEBEN Du gewinnen!

Traum vom Ur-Sprung

Der
Ur-Sprung
am Hang
des Lebens,
vertrauensvoll
    ins Tragik-
      Tragende
       im Absprung
         ohne Angst,
           tiefenwärts,
            denn mit Angst
              erstarre ich
               und zerschelle
                 wie Porzellan,
                   angstfrei aber
                     lande ich
                     sanft und weise
                        im Ur-Grund
                           des Ursprungs.

Traum von der Zeit

Mir
träumte heute
von der Zeit: Es
zeigte sich ein
Wasserstrahl in
fließender
Ergeben-
heit.
Ich
hatte nun die
freie Wahl, den
Blick auf `s Fließende
zu richten, zu schauen,
wie es sich ergießt
und wie es immer
weiterfließt.
Doch
konnte ich
darauf verzichten,
die Zeit im Fluße nur
zu schauen. Den Strahl
konnt` ich auch anders
seh`n: Ein immer-
währen-
des
Besteh`n im
fließenden Ergrauen.
Als Gleichnis dient vielleicht
das Licht, das als Well-Tikel uns nun anficht.

Traum vom Sterben

Heut` Nacht
erträumte ich mein Sterben.
Mein Lebenslicht erlosch: Ich starb.

Und langsam schwand ich,
ließ die Erben zurück.
Und mich umwarb
ersehntes Wissen
um mein Ende
in allem weltlichen Gehege
und um die endgültige Wende
ins Jetztseits ohne Einzelwege.

Und es erfüllte mich mit Dank
und nie gekannter Seligkeit.

Die Welt gewann ein lichtes Kleid.
Das Leid, das Grauen, es versank!

o o o o

Es ist, als ob die Blende bricht!

Am Ende sind wir alle licht!

Traumbegegnung mit einer Toten

Ich hab` von Dir geträumt
nach Deinem frühen Tod.
Im Traum hast Du gelebt,
diesseits von aller Not.

Und hast gelacht und Dich gefreut,
als ich Dir nahe kam.
Hast mir gesagt, dass Dich auch heut`
der Tod nicht von Dir nahm.

Ich weiß, es ist ja nur ein Traum,
der mich wohl trösten soll.

Doch scheint durch seinen Bilderraum
ein Lebewohl, das mir den Groll
und auch die Trauer mindert.

Ich weiß nicht, von woher es quoll:
Mir ist die Würglichkeit gelindert!

(Für Steffi, die mit 16 Jahren plötzlich starb)

BEFREMDLICH

Am frühen Morgen träumt es mir:
Ich sterbe in die GOTTHEIT!
Sie nimmt mich auf ins Jetztseits
und wird mich nun entsorgen
vom ausschließlichen Kreisen
um meine selbstverstrickten
Sichten und meine aus-
erwählten Schneisen.

Ich werde mich
durchlichten
lassen
und führen
auf die neue Bahn,
heraus aus allem Ego-Wahn.

Im Traume konnte ich es fassen!
Es war mir selbstverständlich.
Im Wachen aber bleibt es
mir befremdlich!

Im NUN präsenter Plus-Gestalt

Es träumte mir erneut von GOTT
im Sound der Bilder-Mutation.
Man führte mich auf das Schafott,
wo Gottesbilder immer schon
enthauptet wurden nach der Zeit,
in der die eigene Wirksamkeit
die Herzen und die Hirne banden.

Dort habe ich im Nu verstanden,
weshalb auch Gottesbilder sterben.

Im Plus-Fluss der Entfaltung
des menschlichen Bewusstseins erben
wir eine offenere Haltung zu der
PRÄSENTEN WIRKLICHKEIT
und eine Klarsicht in der Vielfalt
im Raum und in gelebter Zeit:

Im NUN präsenter Plusgestalt.

Von ALLEM in Allem

Und
es besuchte
mich ein Traum von
GOTT in Feuerbildern,
in Bildern eines lodernden
Lichtmeeres des Erbarmens.
Und
in ihm wurde ich verbrannt,
der ich doch selber mich ver-
bannt in das Exil der Fesseln,
der von den Gegnern auferlegten
und der von mir selbst mitgestrickten.

Verbrannt vom Lichtmeer des Erbarmens,
bis mir die Fesseln fielen und ich gerichtet wurde,
aufgerichtet in der Gestalt des lichten All-Erbarmens,
in leibhaftiger Plus-Gestalt, die einverleibt ist als ein Halt
zum Leben, Lieben,
Leiden.

Und ich erwachte aufgelöst und
eingelöst und auch durchlöst.
Ich wusste mich in
jenem
LEBEN,
für das allein
es sich nur lohnt,
mich ihm in Allem hinzugeben.

Traum-Bescherung

Es träumte mir vom Menschen-Mensch.
Aufgerichtet stand er vor mir,
die Arme aus-ge-brei-tet.
Er sah mich fragend an.

Ich wusste auch sogleich,
wie er mich jetzt bescheren wollte.
Doch sträubte ich mich heftig
gegen sein Gratis-Angebot.

Mich ließ er nun, nachdem ich mich
im Widerstand vergoren,
ganz sanft und zärtlich ausgleiten
ins Meer unendlichen Erbarmens.

Er ließ mich aufbereiten, garen
zur eigenen Menschmenschlichkeit.
Ach, wäre ich doch schon soweit,
wie es im Traum mir widerfahren.

Präsenz erbarmender Vergebung

Ich träumte unruhig in der letzten Nacht
von der Verletzung und von Heilung meiner Seele.
Der Traum hat mich aus meinem Schlaf gebracht,
damit ich seine Botschaft nicht verfehle.

Es träumte mir von einer Afrikanerin,
noch jung und schön, voll Anmut und voll Würde.
Sie lebt bei uns als praktische Ärztin,
als Dunkelhäutige wohl eine große Bürde.

Ich suchte sie in ihrer Praxis auf,
wahrscheinlich wegen eines meiner Leiden.
Ein freundliches Gespräch nahm seinen Lauf.
Ich konnt` an ihrer Herzlichkeit mich weiden.

Wir sprachen auch von unserer Vergangenheit.
Und sie gedachte noch einmal der Qualen,
die sie erlitten hat in ihrer Jugendzeit,
als weiße Herren ihr die Würde stahlen.

Ein Weißer hat sie sexuell missbraucht,
geschwängert und genötigt, abzutreiben.
Danach konnt` sie zuhause nicht mehr bleiben.
In ihrer Hauptstadt ist sie untergetaucht.

Es hat sie fast um den Verstand gebracht!
Die Abtreibung hat auch ein Weißer vorgenommen.
Als Arzt im Herrenwahn hat er die Sache falsch gemacht:
Sie konnte keine Kinder mehr bekommen!

Das ist für sie noch heute eine Qual,
weil sie so gerne eigene Kinder hätte.

Doch bleibt ihr nach dem Eingriff keine Wahl!
Mit Fassung trägt sie diese Schicksalskette.

Und während sie erzählte, durchlitt
sie jene angetane Marter noch einmal.
Und weinend, schreiend, klagend durchschritt
sie auch vor mir das abgrundtiefe Trauertal.

Doch sie betrauerte nicht nur die eigenen Wunden.
Ein tiefes Mitleid ließ sie heftig beben:
Ein Mitleid für die Peiniger, die sie geschunden
in ihrem jungen, noch antastbaren Leben.

Dann leuchtete ihr Antlitz vor Erbarmen
für alle Leidgeplagten dieser Zeit,
für alle Opfer, für die Täter, für die armen
Gequälten und Verirrten weit und breit.

Und die Präsenz erbarmender Vergebung
erlöste sie von ihrem Marterpfahl.
Sie linderte den Schmerz im Jammertal
und schenkte ihr die heilende Belebung.

Des Traumes Botschaft habe ich verstanden:
Im Leidensringen sollen wir nicht stranden!
Die seelischen Verletzungen, sie bleiben.
Doch Heilendes will sich uns einverleiben

und will uns aufrichten und neu gestalten,
damit wir uns und andere erhalten
und nicht - verletzt - die Welt verletzen
und zerspalten.

Als ich das bess`re Leben suchte,*

..,

da träumte mir
von
„GOTT"

Prolog:

„Das Gebot,
man solle sich kein Bildnis machen von
GOTT,
verliert wohl seinen Sinn nicht, wenn wir GOTT begreifen
als das Lebendige in jedem Menschen, das Unfassbare,
das Unnennbare, das wir als solches nur ertragen,
wo wir lieben. Sonst machen wir uns immer
ein Bildnis. Nicht bereit, nicht willig
und nicht fähig, einem
einzelnen Gesicht
gegenüber
zu stehen,
stempeln wir
ganze Völker ab
und können ihnen
nichts anderes zugestehen
als die Fratze unseres Vorurteils,
das immer eine Versündigung bedeutet."

Max FRISCH:

Ges. Werke Bd. II, S.279 Frankfurt am Main 1976/1986

Lieber Heiko!

In den letzten Briefen schilderten wir uns wechselseitig unseren „Traum vom besseren Leben" und beschrieben die Bedingungen, die notwendig sind, diesen Traum Wirklichkeit werden zu lassen. Dabei wurden große Differenzen sichtbar zwischen uns.

Um es auf den Hauptnenner zu bringen: Du meinst, in Deinem Traum vom besseren Leben ohne Gott, ohne Transzendenz, zurecht kommen zu können. Ich halte entschieden dagegen, dass ich bei meinem LEBENs-Traum ohne GOTT, ohne Berücksichtigung der *TRANS*-ZEN-*DENZ*, ohne Transpersonalität, nicht auskomme.

In Deinem letzten Brief fragst Du nun recht aggressiv an, was denn mein ganzes Gerede von Gott, von Transzendenz, eigentlich solle, ob ich vielleicht die Verantwortung nicht selber tragen wolle, ob ich im Angesicht meiner Ohnmacht einen mächtigen Gott im Himmel brauche, ob die Sache mit Gott nicht eine Droge sei, um das kritische Bewusstsein zu vernebeln?

Wie Du weißt, habe ich mit den Hütern der Religion, die sehr viel von Gott reden und manchmal auch von Gott schwafeln, so meine Probleme. Ich möchte deshalb nicht, dass Du mich pauschal mit ihnen in einen Topf wirfst.

Um Dir zu verdeutlichen, was ich meine, wenn ich „GOTT" sage, möchte ich Dir einen beeindruckenden Traum erzählen, der mich vor einiger Zeit heimgesucht hat. Genau wie Du höre auch ich auf die Weisheit meiner Träume. Und so glaube ich, in diesem Traum, einem „Gottestraum", Entscheidendes über die Art und Weise erfahren zu haben, wie das traumproduzierende Unbewusste in seinen Bildern über „GOTT" spricht.

Also folgendes träumte mir:

„ ICH stehe mit drei anderen Menschen zusammen und diskutiere mit ihnen heftig und kontrovers über GOTT.

Meine Position ist die eines aufgeklärten Christen: Ich berufe mich auf Jesus von Nazareth und seine transformatorische Vorstellung vom menschenfreundlichen Gott: GOTT ist den Menschen zugewandt, so vertrete ich, GOTT ist für die Menschen da.

Mein erster Diskussionspartner greift mich massiv an: Das Gerede vom menschenfreundlichen Gott sei alles hirnverbrannter Unsinn, geboren aus einem unausrottbaren Wunschdenken. GOTT, das sei eine fürchterliche Macht, vor der man erzittern müsste vor Angst - und dabei bebt er heftig und zittert vor Angst wie Espenlaub.

Ich versuche dagegen zu argumentieren mit meiner These vom menschenfreundlichen GOTT, vor dem man keine Angst zu haben brauche. Ich berufe mich wieder auf Jesus von Nazareth, der GOTT in seiner Erfahrung als „ABBA", also als: „Wie-ein-Vater-zu-uns" erlebt und verkündet hat.

Doch der Ängstliche bleibt bei seiner furchterregenden Gottesvorstellung und predigt laut den mächtigen und grausamen Gott.

Mein zweiter Diskussionspartner ist ein entschiedener Atheist, jemand, der die Existenz Gottes leugnet. Er lacht uns beide aus und meint, wir hätten uns da in unserer Vorstellung einen Gott gebastelt, den es gar nicht gäbe, ich mir einen menschenfreundlichen, der andere sich einen gräulichen.

Für ihn dagegen, den Atheisten, stehe fest, dass es Gott nicht gebe. Nur schwache Menschen würden sich in ihrer Fantasie einen Gott schaffen, entweder einen hilfreichen oder einen aggressiven, je nach Bewusstseinslage. Er dagegen sei ein aufgeklärter, emanzipierter Mensch, der sich keinen Gott basteln brauche. - Er ähnelt übrigens Dir, lieber Heiko, in seiner Art und seinen Argumenten.

Nach einer Weile intensiver, heftiger Diskussion zwischen uns dreien schaltet sich der Vierte ein. Er meint, er könne es nicht verstehen, warum wir uns so ereiferten über eine Sache, die ihm völlig gleichgültig sei. Ob Gott oder Nicht-Gott, das sei ihm total egal. Was ihn einzig und allein interessiere, sei das Geld, die Macht und schöne Frauen. Wir sollten es ihm doch gleichtun, uns für Geld und Sex engagieren und nicht für so einen Unsinn wie die Sache mit Gott, von der man ja sowieso nichts habe.

Wir widersprechen ihm deutlich und massiv. Unsere Auseinandersetzung wird immer härter und aggressiver. Sie wogt hin und her, ohne jemanden zu bewegen, von seiner Position abzuweichen. Wir stehen hart gegeneinander, ein Konsens, eine Übereinstimmung ist nicht in Sicht und auch kaum denkbar.

Da geschieht plötzlich etwas Eigenartiges, Traumhaftes:
Es nähert sich uns eine Art Lichtkreis. Zuerst sind wir verwundert. Doch mit zunehmender Nähe fasziniert uns dieser eigenartige Lichtkreis. Als er bei uns angekommen ist, umfasst er mich und umschließt den Angstvollen. In dem Moment, in dem er mein und sein Herz durchdringt und uns verbindet, spüre ich die Anwesenheit einer ungeheuren Liebesenergie und eine mächtige Vertrauenskraft, die den Angstvollen und mich trägt und uns vereint.

Ich nehme wahr, dass auch der Angstvolle es spürt und - wie vom Blitz getroffen - WISSEN wir in diesem Augenblick beide: Das IST GOTT, der uns berührt, diese Gegenwart einer gewaltigen Liebe, diese bebende Präsenz, die uns umfasst, das ist GOTT.

Wir wissen es einfach, jenseits aller Argumente.
Ergriffen von jener Liebeskraft fallen wir uns in die Arme. Dabei spüre ich ganz tief in mir: Dies` ist unsere Aufgabe:

Sich von jener unbeschreiblichen Liebe ergreifen lassen und in ihrer Kraft die Welt umarmen und gestalten!

Das gleiche wiederholt sich in ähnlicher Intensität mit mir und den beiden anderen, dem Atheisten und dem Gleichgültigen.

Und jedes Mal wissen wir: DAS IST GOTT!

Erschüttert und ergriffen nehme ich wahr, wie alles in mir jubelt: Es ist mir jetzt offenbar: Das IST GOTT, diese Liebespräsenz, die man mit Argumenten und Begriffen nicht einfangen kann.

Ich gewahre auch die Nutzlosigkeit jeder Diskussion über GOTT, wenn man nicht gleichzeitig VON-IHM ergriffen ist und IN-IHM-ZU-IHM erwacht.

Zuletzt umfasst uns alle vier der Lichtkreis mit seiner Liebeskraft und lässt uns in der Verbundenheit miteinander die beschriebene Liebes-Präsenz erfahren. Dann weitet sich die Lichterscheinung und durchdringt die Erde, den Weltraum, den Kosmos. Als es mir zu intensiv wird, erwache ich aus diesem ungewöhnlichen Traum mit klopfendem Herzen, bebendem Leib und einem Schluchzen vor Freude und Jubel.

Nachdem ich mich wieder gefangen habe, stehe ich auf und notiere den Traum, denn ich weiß, er enthält eine wichtige Botschaft."

Soweit mein Gottestraum, lieber Heiko.

Vielleicht verstehst Du nun etwas besser, was ich meine, wenn ich „von GOTT rede". Ich meine nicht den Über-Vater im Himmel. Ich meine nicht den Hilfsgott für die Schwachen, nicht den: „Hab`- mich - lieb- und - lass - mich - sonst - in - Ruhe"- Kuschelgott.

Ich meine nicht die Gottesdroge vieler Religiöser und heute auch vieler Esoteriker.

Ich meine nicht den autoritären Kirchen-Stabilisator-Gott. Ich meine „GOTT", so wie ich ihn symbolisch in meinem Traum erfahren habe als eine ergreifende WIRKLICHKEIT, die sich in die Traumbilder „einbilderte" und in ihnen aufrichtend und verbindend aufleuchtete, „GOTT" wie er uns auch von Jesus von Nazareth bezeugt wurde: „GOTT IST DIE LIEBE und wer in der Liebe wohnt, der wohnt IN-GOTT und GOTT-IN-IHM", so heißt es in der Bibel.

Du kannst Dir nun sicher vorstellen, lieber Heiko, dass ich meinen Traum vom besseren Leben nur mit diesem Vorzeichen, diesem „Gottesvorzeichen" vor der Klammer des Lebens entwerfen kann. Alles andere wäre mir zu kurz geträumt und würde zu keinem besseren Leben führen.

Ich möchte daran mitarbeiten, möglichst viele Menschen auf diese Liebespräsenz hinzuweisen, damit sie ihr Leben in ihr nun neu und besser buchstabieren und leben lernen. Ich hoffe, wir sind in unserem brieflichen Gespräch ein Stück weitergekommen.

Ich grüße Dich herzlich,

Dein Lasse

P.S. Ein Gottestraum ist ein „Gottestraum", also ein träumendes Symbolgeschehen in der Tiefenpsyche - nach C. G. JUNG ein Traum aus der SELBST-Sphäre. Er sagt etwas darüber aus, wie die PSYCHE empirisch überprüfbar von Gott in Symbolen spricht, nicht mehr und nicht weniger.

Selbstveranschaulichung des S E L B S T

Am intensivsten ist das Erleben in jenen seltenen Fällen, in denen das SELBST sich selber veranschaulicht: wenn es um Etwas ganz Fundamentales geht. Dann nimmt das Erleben jene Intensität und auch Qualität an, die heute in der Religionswissenschaft als *numinos* - als faszinierend und erschütternd zugleich - bezeichnet wird. Erlebnisse des SELBST haben nicht nur jene *Intensität*, über die in der religiösen Tradition von Gotteserlebnissen berichtet wird, sondern auch jenes *Erscheinungsbild*. Die Analyse
der Gestaltungen des Unbewussten hat
nämlich ergeben, dass das

S E L B S T

wenn

es sich

selber veran-

schaulicht, dazu

jene Gestalten und

Symbole bildet, welche

Religionswissenschaftler aus

den verschiedensten Kulturen als

G o t t e s b i l d e r

zusammengetragen haben. Das heißt,
dass die im Verlauf der Kulturgeschichte
zu Stande gekommenen Gottesbilder als synonyme
Selbstveranschaulichungen des SELBST aufzufassen sind.

Willy Obrist

(In: Die Natur: Quelle von Ethik und Sinn, Zürich 1999 S.312)

Wahrheitsklammern

Nichts
sollst Du von selbst erheben
auf den Thron des Unbedingten!
Denn es bläht zum Götzen sich,
sucht Dich zu beherrschen.

Klammer`
alles
ein,
so
träumte
mir heut` Nacht.
Alles ist nur eingeklammert
wirklich ek-sistent.

Alle Wahrheit ist nur in der Klammer
wahr.
Und auch diese Aussagen sind
nur in der Klammer
fruchtbar.

<u>Auf dem Traumfluss wandeln</u>

Wirklichkeitsvertonung

In
aller
Ant-
wort
liegt
die
Frage:
Wer
hat
die
Ant-
wort
produ-
ziert?
Und
nur
in
sol-
cher
Fragen - Lage wird
man nicht voreilig verführt, die
zeitbedingten Antworten, geheiligt hier im
Momentanen, als ewig-gültig zu verzahnen, anstatt
sie erst einmal zu orten als des Gehirnes Kreationen,
um dann zu fragen, wie im Hirn, dem Zentrum
hinter unserer Stirn, die Wirklichkeiten sich
vertonen. Wie wird im Gehirn gerungen?
Wie in Leber oder
Lungen?

Im gehandelten Symbol

Die
Schere,
die im Land
der Träume das Fesseln
mir zerschneidet, geführt von
unsichtbarer Hand, ist ein Symbol,
das
mich
befreit aus
pferchender Gebundenheit. Auch ihm
gilt meine Dankbarkeit.
Doch richtet
diese
sich
zuerst
auf jene
WIRKLICHKEIT,
die im gehandelten Symbol
MICH - SELBST befreiend freit.

Schlüssel-Dienst

Der
Schlüs-
sel,
der
den
Raum
er-
schließt,
ist
nicht
der
Raum,
doch
ruht der Raum
in   ihm   erschlossen
als angetraute Möglichkeit.

Wenn Dich der Raum beleben
soll,
dann folge seinem Schlüsseldienst.
Zu jenem Raum erschließt er Dir
den Zugang jetzt.

Fingerzeig

Der Finger ist es nicht,
der auf den Mond verweist,
auch wenn des Mondes Licht
am Fingernagel gleißt.

Du sollst Dir nicht erlauben,
ans Nagelbett zu glauben,
auch wenn des Mondes Licht
im Nagelhorn sich bricht.

Erhebe Deinen Blick
und folg` dem Fingerzeig.
Tauch` in die Nacht und schweig`.

So findest Du das Glück,
den Mond direkt zu sehen,
in seinem Licht zu stehen.

Doch was am Mond besticht
ist nur geliehenes Licht
von stets umkreister Sonne.

Es ist schon eine Wonne,
bei hellem Mondenschein
auch mitten in der Nacht
im Sonnenlicht zu sein.

Erwachen und Gewahren

Nach dem Erwachen aus dem Traum
such` ich die Botschaft zu verstehen.
Ich will in meinem Lebensraum
nun traumgeläutert weitergehen.

Der Traum, er spiegelt mein Gelebe
in eindrucksvollen Bildern.
Er warnt vor selbstverliebter Schwebe,
in der ich drohe zu verwildern.

Er weist mir auch den Weg ins Freie,
heraus aus selbstverstrickter Haft
und zeigt mir, wie ich recht gedeihe,
enthüllt mir meine Wachstumskraft.

Wie ist es nun im Wachzustand,
den wir im Alltag stets erfahren?
Durchweht denn dieses Alltagsland
auch ein erwachendes Gewahren?

Wenn ..., dann ... (Lied) *

Wenn da eine Flöte ist
und ein lichter Wind sie küsst,
gewahrt die Flöte diesen schon,
doch nur als einen Flötenton.

Wenn da eine Harfe ist
und ein lichter Wind sie küsst,
und er streicht an ihr entlang,
gewahrt sie ihn als Harfenklang.

Wenn da ein rundes Fenster ist
und ein lichter Wind es küsst,
das bunte Fensterchen im Erker,
gewahrt es ihn als Farbverstärker.

Wenn da ein weites Segel ist
und ein lichter Wind es küsst,
der es mit seinem Wehen strafft,
gewahrt es ihn als Antriebskraft.

Für den genannten lichten Wind
sind Flöte, Harfe, Segel blind,
taub ist das bunte Glas am Erker.
Sie wesen in dem, was sie sind,
in ihrem ureigenen Kerker.
Und sie erkennen im lichten Wind
nur jenes: Wie sie selber sind!

... und ich erwache traumgeläutert *

Geleitworte

„Von der Einstimmung
über die Entsühnung zur Einswerdung:
Wir befinden uns in der überwältigenden Umarmung einer
kósmischen Symphonie unmittelbar am Rande
des kósmischen Bewusstseins selbst.
Aber wir müssen gut
zuhören."

Ken Wilber:
Ein kurze Geschichte des Kosmos
Frankfurt am Main 1999
S. 143

„Ich sterbe, also bin ich"
Jean Gebser
(Tagebuchnotiz aus den Tessiner Jahren)

Buchstäblich
mit letzter Anstrengung
hervorgebrachte Worte vor dem Tod:

**„Ich bin überall auf der Welt gleichzeitig
vorhanden..." Jean Gebser**

Bekenntnis einer uneingegrenzten
Allverbundenheit

In: G. Wehr: Jean Gebser - Individuelle Transformation
vor dem Horizont eines neuen Bewusstseins, Petersberg 1996, S.262 ff

... und ich erwache traumgeläutert *

Prolog:

Schon lang` treibt mich die Frage um:
Wie wirklich ist die Wirklichkeit,
die wir erfahr`n in Raum und Zeit,
in uns und auch um uns herum?

Wie komponiert uns das Gehirn -
im Dunkel hinter unserer Stirn -
die Welt, an der wir täglich kleben
und bess`res Leben uns erstreben?

Ich wünsch` an der Erkenntnisfront
mir klare Antwort auf die Fragen,
doch nur im Fragehorizont:
Wie soll ich sinnvoll Leben waagen?

Abstrakte Einsicht brauch` ich nicht!
Sie macht mich doch nur zum Objekt.
Ich suche das Erkenntnislicht,
das mich ins volle Leben weckt.

Traumgeschehen und Erwachen

In einem Traum, der mich beehrt
mit einem Gleichnis, das mich lehrt,
gewahr` ich - vom Symbol befreit -
die WIRKLICHKEIT der Wirklichkeit.

Von einer großen Hörerschaft
werd` ich in einem Saal empfangen.
Ich spüre offenes Verlangen,
sich zu befreien aus der Haft

der festgeglaubten Konstruktionen
mental-zentrierter Weltansicht,
die wir gemeinsam längst bewohnen
mit allem, was an ihr besticht.

Was hilfreich ist, will man bewahren,
was aber einengt überschreiten.
Man ist bereit, sich neu zu weiten,
das Offenbare aufzuklaren.

Um allen meine Sicht zu gönnen,
erhöh` ich mich mit einem Stuhl.
Es soll`n mich alle sehen können,
mich, den Bewusstseins-Großmogul.

Die WIRKLICHKEIT der Wirklichkeit
wird sich uns dann erst offenbaren,
dozier` ich ausgiebig und breit,
wenn wir uns mit Bewusstheit paaren.

Bewusstheit aber sitzt im Hirn!
Um sie vor Ort jetzt zu studieren
und sie den Hörern vorzuführen,
da öffne ich mir meine Stirn.

Was unter meiner Schädeldecke
nun sichtbar wird, bezeichne ich
als mein Bewusstsein und ich recke
mich stolz und ich verneige mich.

Den Anblick will ich allen gönnen,
von dem, was sonst im Hirn versiegelt,
damit sie alle sehen können,
worin die Wirklichkeit sich spiegelt.

Ein großes Staunen macht sich breit
in der geträumten Hörerschaft.
Für eine Weile scheint die Zeit
mir außer Kraft gesetzt.

Doch dann betritt Frau Rosika,
die weise Frau in meinem Traum,
den Saal und ist ganz offenbar
nicht einverstanden mit der Schau,
die ich den Hörern präsentiere.

Sie weist auf meine off`ne Stirn,
erklärt mir, was ich vorführe,
sei nichts als Schlacke aus dem Hirn:
Bewusstseinsschlacke, ein Produkt
des Denkens, das im Hirne zuckt.

Es sei nicht das, was im Verlaufe
des Abends ich der Hörerschaft
als die Bewusstheit meiner
in meinem Vortrag hier verkaufe.

Ich soll mit der Bewusstseinsschlacke
mich selbst nicht identifizieren.
Das sei, so meint sie, meine Macke!
Ich könnte mich in ihr verlieren!

Ich solle dieses Hirnprodukt,
das noch in meinem Hirne gluckt,
sich hinter meiner Stirne duckt,
sich an der Wirklichkeit verschluckt,

in seinen Konzeptionen zuckt,
und jetzt aus meinem Schädel guckt,
nicht mit Bewusstheit schon verwechseln
und so die WIRKLICHKEIT verhexeln.

Um die Bewusstheit zu erkunden,
soll ich nicht mehr Bewusstseinschlacke,
Produkt des Hirns als sein Gekacke,
in meinem Streben neu umrunden.

Ich soll, so spricht Frau Rosika,
die Schlacke aus dem Hirn entsorgen,
so würde mir schnell offenbar,
was als Gesuchtes mir verborgen.

Ein Unmut macht sich breit im Saal.
Und manch` einer begehrt jetzt auf.
Ich steh` vor einer neuen Wahl:
Der Frage nach des Abends
weiterem Verlauf.

Frau Rosika, die weise Frau,
sie lächelt und sie schaut mich an.
Ihr Blick zieht mich in ihren Bann!
Und plötzlich weiß ich ganz genau:

In ihren Worten liegt ein Sinn,
den ich nur ahne, nicht erfasse.
Doch ahn` ich auch schon den Gewinn,
wenn ich auf sie mich einlasse.

Beherzt greif ` ich in meine Stirn,
entsorge, was Frau Rosika
als Schlacke nur in meinem Hirn
gebrandmarkt vor der Hörerschar.

In diesem Augenblick geschieht
im Traume Unvorhergeseh`nes.
Ich zitt`re stark, in mir vollzieht
sich eine Wandlung, ein Geschehnis

von ungeahnter Seligkeit.
In einem Augenblick zerbricht
mir meine ganze Weltansicht
von Subjekt-Objekt, Raum und Zeit.

Im gleichen Augenblick entflieht
ein langgehegter Krampf den Leib.
Und mich durchströmt ein Liebesglück,
als läge ich bei meinem Weib.

Im gleichen Augenblick gewahr`
ich mich befreit aus dumpfen Engen.
Ich gäre nicht mehr: Ich bin gar
und tanze mich in jenen Klängen,

die sich jetzt meinem lichten Schau`n
als jener Kósmos intonieren,
dem wir alltäglich neu vertrau`n,
wenn wir bewusst das Leben führen.

Ich steig` herab vom hohen Ross
bewussteinsschlackiger Erhöhung,
lass` hinter mir die Ego-Blähung
im hirnverengten Denker-Tross.

Umarme jetzt Frau Rosika!
Mein Dank erfüllt den ganzen Saal.
Ihr WISSEN hat mich offenbar
erlöst von meiner Denker-Qual.

Frau Rosika verschmilzt mit mir:
Wir sterben und wir auferstehen
vereint und frei im Jetzt-und-Hier,
um nun den Kósmos ganz zu sehen

und jetztseits mit ihm eins zu sein,
befreit von allem Ego-Schein.
Im Schauen sind wir eins mit allen
im Saal und über ihn hinaus.

Die Hörenden sind mit gefallen:
Auch sie ergreift des Geistes Braus!
Sie finden nun mit uns Gefallen,
im Schauen eins zu sein mit allen
und wissen: Jetzt sind wir zuhaus`!

Der Traum verklingt! Ich bin erwacht
in eine nie gekannte Helle.
Ich lieg` in einer Lichterpracht
in meinem Bett an jener Stelle,

an der ich morgens stets erneut
erwache und den Tag beginn`.
Doch niemals war es so wie heut`!
Durch mich hindurch fließt Lebenssinn!

Mein Zimmer und das Morgenlicht
und mich gewahre ich als eins.
Da ist kein Ich und nichts ist meins!
Da ist ein funkelndes Gelicht,

das die vertraute Wirklichkeit
mit sanfter Transparenz durchbricht:
Ich bade mich in Seligkeit!
Wer schreibt mir dazu Das-Gedicht?

Die Zeit, wie ich sie sonst erfahre,
steht still, ganz wie ein Wasserstrahl.
Sie ruht im Fließen, ich gewahre
sie jetzt befreit von aller Qual

alltäglicher Verwitterung
auf jener Zeitenfolge-Bahn
der zeitlichen Zersplitterung
im gierverklebten Zeitenwahn.

Und ich bin glücklich, wie noch nie!
Worum ich lebe, weiß ich jetzt!
Ganz wach und still, voll Energie
BIN ICH mit allem Sein vernetzt.

Und WEISS, das ich es immer bin,
auch wenn ich es nicht immer spüre.
IN ALLEM BIN ICH immer drin,
auch wenn ich meistens mich verführe,

als Ego abgetrennt zu leben
von dieser sanften Herrlichkeit,
um mir Mein-Eig`nes zu erstreben
im Kampf mit Welt, Natur und Zeit.

Wie lange ich vom Glück gezehrt,
kann ich im Nachhinein nicht sagen.
Mein Ego hat sich bald gewehrt!
Schon ging dem Glück es an den Kragen!

Vom Kopf her spürt` ich ein Gedränge:
Wie Stangen, die jetzt in mich drangen!
Von Kopf bis Fuß Korsett-Gestänge!
Im Ego war ich neu gefangen!

Ich fand in altbekannten Engen
mich vor in meinem Alltags-Ich,
und abgetrennt - in seinen Fängen -
erschien die Welt mir unwirklich.

Doch als ich aufgestanden war,
verwandelte sich sanft mein Leben:
Viel wacher nahm ich alles wahr,
was mir als Leben aufgegeben.

In der vertrauten Wirklichkeit
gewahrte ich geheimes Weben
von LIEBE, LEBEN, Durchgangsleid,
die sich gemeinsam nur erheben,
um uns in ihren Feuerstätten
als Gold aus allem Erz zu retten.

Epilog:

Wie wirklich ist die Wirklichkeit?
Die Antwort lässt sich nicht erfinden
im denkenden Erkenntnisstreit.
Wir müssen einfach tiefer gründen.

Die Heimkehr ins Konkrete nur
lässt uns im lauschenden Gewahren
mit achtsamer Bewusstheit pur
die Wirklichkeit sich aufklaren.

Den Weg muss jeder selber geh`n!
Die Einsicht kannst Du nur erwerben
im Durchgang durch Dein Ego-Sterben.
Verwandelt wirst Du NUN versteh`n!

Transformation (Lied)**

Refr.:   *Bevor es zu spät ist,*
wandle Dich, wandle Dich (2x)

1. *Ein Leben lang verbarg er sich*
in Nichtig-Wichtigkeiten.
Ein Leben lang verdarb er sich
die ihm geschenkten Zeiten.
2. *Ein Leben lang versucht er sich*
in selbstverdrehtem Lebensplan.
Ein Leben lang verbucht er sich
und merkt nicht seinen Größenwahn.
3. *Ein Leben lang beendet sich*
schon bald, die Zeit wird karg.
Darum, oh Mensch, beeile Dich,
werd` still, gewahre was Dich barg.
4. *Gewahre, was Dich - unerkannt*
und ungenannt - mit LEBEN speist
und Dich noch lichten wird,
wenn Dich der Tod zerreißt.
5. *Darum besinne Dich und weite*
die Tore selbstgewählter Haft.
Und lass Dich zieh`n, bereite
Dich vor auf neue Wanderschaft:
6. *In ungeahnte Lichtgefilde,*
in denen Du verwandelt wirst,
in denen Du mit sanfter Milde
gekleidet wirst als Lebensfürst.
7. *Du wirst dann lange weinen müssen,*
weil Du so vielem nachgerannt.
In Tränenbuße wird sich lösen,
was Du zu lange nicht erkannt.
8. *Doch nach der Qual im Trauertal*
wirst Du den Gipfel finden,
und dort - an seinem Traualtar -
vereinigt DICH entbinden.

Im Staunen bin ich freigesetzt

Sinnentraum

Träumt
ein Sinnen
in den Sinnen.

Spinnt sich ein ins bunte Treiben.

Träumt ein Hören, träumt ein Sehen,
träumt von Höherem:

Vom Erwachen,
vom Verlassen
allen Traumes,

vom Betreten eines Raumes
leibhaften Sinnens mit den Sinnen.

Tropfentrotzig

○
○○

Im
Traum
bin ich ein
Wassertropfen,
der immer schon
im Wasser lebt, und als
ein Tropfen danach strebt,
sich tropfentrotzig einzugrenzen,
die Mitwelt fragend abzuklopfen in
Seiner-Art als Wassertropfen mit allen
Antwort-Konsequenzen. Die Antworten
sind tropfgerecht! Doch fassen sie das
Wasser nicht! Erst wenn das Tropfgerechte
bricht, gewahrt der tropfenfreie Tropfen
sich nun durchlöst im Wassergrund,
befreit und nicht mehr ego-wund,
sich tropfentrotzig auf-
zupfropfen.

Rahmenfreie Weise

Im
Erwachen
leuchtet sie mir
manches-
mal,
dann und wann:
Jene rahmenfreie Weise!
Sie durchstrahlt mich,
sahnt mich ab,
und ent-
rahmt
mich
falscher
Rahmen, die
nur zieren, mich
erlahmen, mein
Ur-Eigenes
erfrieren.
Rahmt
mich
ein
mit
ihrem
Charme,
lässt mich
kosten ihren
Rahm und
richtet
mich
so
wieder auf:
In rahmenfreier Weise!

Durchkreuzende Bejahung pur

Und ich gewahre wie im Traum:
In den von allen Lehren entleer-
ten Raum des Kelches strömt
mir Bejahung pur, die ich
solange schon ersehnt.
Doch wie ertrage
ich sie
nur,
die
so
be-
glückende
Durchkreuzung
all` meiner Lieblingssichten
bejahten und durchlösten Lebens.

Besuch bei einem Sterbenden

Und
durchlösend
umschart Dich die
EINE-GEGENWART.

Aus Deinen Blicken
fließt ein Erquicken,
sanftes Durchschauen,
das alles Grauen im
Augenblick bannt.

Dir helfen wollt` ich,
doch heilsam warst Du.
Hast mich getröstet,
der Du geröstet
wirst hin zum
all-lichteren
Land.

Wollte mich
schenken und ging
SELBST-beschenkt
von dannen mit
DIR und
MIR.

*(Für Christoph,
der mit 23 Jahren an Krebs starb)*

Jetztseits angekommen!

In mir schweigt es wunderbar!
Kein Gefühlssturm treibt mich um!
Und ich fühl` mich rund und klar,
meine Sehnsucht, sie bleibt stumm!

Ich durchschreit` ein Stunden-Paar,
in dem ich Durchlösung spüre.
Und es ist mir offenbar,
dass ich jetztseits mich nicht führe!

Ich vertrau` dem Ungenannten,
in dem ich mich wiederfinde,
dem ich herzwärts mich verbinde.

In dem Kreis der All-Verwandten
bin ich endlich aufgenommen:
Ich bin jetztseits angekommen!

Stillende Präsenz

Und die stillende Präsenz
schaut Dich an, voll Erbarmen.
Es zerbricht in ihren Armen
Deine Fluchten-Turbulenz.

In der stillender Präsenz
schaust Du Dich durch ihre Augen,
die nur für die Liebe taugen,
für den Sound der Transzendenz.

Und die stillende Präsenz
lässt Dich Wirklichkeit gewahren
als Präsent des Offenbaren.

In der stillenden Präsenz
wirst Du selber transparent
und durchlichtet als Präsent.

Der Wirt der Stille

Der Wirt der Stille öffnet Dir,
schenkt Dir Besinnung ein.
Er wartet ab, bis es Dich würgt,
Du den Gesinnungsbrei erbrichst.
Er wartet Dich, bewirtet Dich,
doch wertet er Dich nicht.
Und er erwartet nichts
von Dir!
Er
schenkt
Dir
Stille ein,
bis
Du gestillt,
gekräftigt bist,
sich Dir die immer
gleichen Fragen als
schon beantwortet vertagen.

Im Staunen bin ich freigesetzt

UND plötzlich schneit es und ich staune,
wie zart und sanft die Flocken fallen.
Und schon hör` ich in mir Geraune,
ein ankommendes Widerhallen
von kindlichen Erinnerungen
an winterliche Freudenzeiten.
Die Sehnsucht ist mit
angeklungen.
Sie
will ins
Kindsein mich verleiten.
UND plötzlich sehe ich den Schnee
im Lichte dessen, der den Geh-
weg fegen muss und ihn bestreuen,
damit auch niemand nach dem Schneien
im Gehen ausrutscht, sich verletzt.
Schon wird das Schnei`n neu eingeschätzt
als winterliche Last, die bindet
und mich mit Zusatz-Arbeit schindet.
UND plötzlich wird es mir bewusst:
Nach Winterfreuden, Winterfrust
seh` ich es einfach nur noch
schneien und staune.
Die Erinnerung
und auch meine Verantwortung
könn`n mir das Staunen nicht entweihen.
Es öffnet sich Mir - Hier - und - Jetzt.
Im Staunen bin ich freigesetzt!
UND plötzlich ist mir offenbar:
Von der Erinnerung gebannt
und nur der Zukunft zugewandt
vernebeln wir, so wird mir klar,
was immer ist - im Augenblick,
der sich uns überraschend schenkt:
Im Staunen ungeahntes Glück,
das uns im Jetztseits neu umfängt
als - das - Präsent, - präsent - zu - leben.

Jetztseits hebt ein Jubel an

Jetztseits
hebt ein Jubel an,
und es tanzen meine Ketten,
lösen sich aus ihrem Bann,
und ich tanze mit.

Wir retten
uns aus heimatlicher Haft,
die uns lange schon beherbergt,
lassen uns von Jubelkraft
jetzt durchdringen.

Sie bestärkt
das Verlangen, uns zu lösen
aus vertrauterem Gewahrsam
und uns nicht mehr lahm zu dösen,
zu erwachen ins
Gewahrsein.

Jetztseits
hebt ein Jubel an,
dem ich stets vertrauen kann!

Das große Los

Ich hab` das große Los gezogen,
als ich mich früh für Dich entschieden.
Es kam ur - plötzlich angeflogen!
Ich wurde mit Dir neu gewogen.
Ein Ungeahntes ließ mich sieden.
Vom Blitz der Selbst - Entgitterung
wurd` ich im Innersten getroffen,
als ich bei schlechter Witterung
in herbstlicher Verbitterung
Dein WESEN schaute,
licht und offen.
Wir fanden
zuein-
ander bald,
erkundeten das
neue Land und
schenkten uns den Liebes-
halt in der uns möglichen Gestalt.
Er hält bis heute für uns stand.

Für Ilona

Memento Mori *(Lied)* *

Wenn Du in beruhigten Zeiten
schon das feine Läuten hörst,
das sich and`re vorbereiten,
in denen Du geläutert wirst,

bist du viel bewusster Dir
und all` Deiner Lebenskreise,
lebst noch aufmerksamer hier
und jetzt, findest eine Weise

immer grüner Achtsamkeit,
für all` das, was lebt und stirbt,
triffst in Unverfügbarkeit, das,
was um Dein Tiefstes wirbt
und in Deine Endlichkeit
Urlebendiges entbirgt.

So wird es auch in ruhigen Zeiten
Dich durch Oberflächlichkeiten
auf geheimen Bahnen leiten
und - worum es geht - Dich weiten.

WAEHLT

das Leben als Event - das Leben als Event - das Leben als Event

WAEHLT

das leben als präsent - das leben als präsent - das leben als präsent

Ich stand auf
und ging umher, die Füße schlenkernd,
um die schmerzenden Gelenke zu normalisieren.
Dann nahm ich wieder meine Sitzhaltung ein.
Der Roshi (Zen - Meister) blickte auf
die Stelle, wo ich gegangen war.
„Können Sie die Schritte sehen?"
fragte der Roshi. „Nein."
Er
nickte.
„Sie waren
vorher nicht da
und sind jetzt nicht da.
Es ist nichts Vergangenes
in Ihrem Leben und nichts Künftiges,
nur" - und wieder brach es aus ihm hervor -

„Ah!"

(Ken WILBER: Spektrum des Bewusstseins, München, Wien 1987, S.144)

Wem willst Du Dich anvertrauen? *(Lied)* *

Nebel-Dichter, Nebel-Lichter:
Wem willst Du Dich anvertrau`n?

Nebel-Dichter schenkt Dir bunte Nebel,
kannst damit Paläste bau`n,
kannst Dich schmücken
und wirst andere
Vernebelte
ent-
zücken!

Nebel-Lichter
fordert von Dir
bunte Nebel ein,
raubt Dein Wohnen
Dir im Dunste,
lichtet allen faden Schein.

Und entsorgt Dich Nebel-Nächten,
will Dein LEBEN Dir erfechten,
will ohn` Wenn und Aber Dein Belichtetsein.

Und nun wähle: Welche Richtung schlägst Du ein?

WACH UND PRÄSENT

Aufgewacht - Aufgemacht

Ein-
geweckt in Eure Welten
wurd` ich plötzlich aufgeweckt.
So verwundert war ich selten!
Erwachen habe ich geschmeckt!

Und
im
Nu
zerbrach der Traum
der beschlaf`nen Illusionen.
Schlage keinen Nebel-Schaum,
will nicht mehr im Dunste wohnen.

Aufgewacht in Nebel-Welten,
habe ich mich aufgemacht:
Wachsein
wird jetzt für mich gelten.

Ich
entkleide mich der Tracht
eingeweckter LEBENs-Waisen,
will mit ihnen nicht vereisen.

Sehnend

Ich
spüre oftmals
JENES   LEBEN,
das mir vom   Ursprung her
versprochen.   Doch lass` ich
mich mit ihm   erheben, wird
mir mein   ***Ego-***   gestochen.
Star
Und ich werd`   sehend und
ich schaue: Wie   ich bisher mich
falsch gesehnt, nicht ins
Acht-Achtel mich
gedehnt.

Wie
in der
Zwo-Drei-
Achtel-Klaue ich
mich verschanzt gefangen
halte, mein Leben nur verengt
gestalte im temperierten Zwo-Drei-Achtel.

D A - im - N U

Ich saß mit meiner Frau beisammen.
Wir tranken Nachmittagskaffee.
Mein winterliches Grippe-Weh
wollt` mich ins Kranken-
bett verdammen.

Geschwächt ließ
ich sie einfach stehen,
die all-täg-li-che Lebenswelt.
Und es geschah ein lichtes Wehen,
zerblies, was sonst den Atem fällt.

Es lichtete mich ein Erstaunen, in
dem ich - wachgeküsst - mich sonnte,
gebettet wie in weiche Daunen, so
dass mich Angst nicht packen konnte.

Es zerrte Zeit nicht mehr an mir!
Ich atmete die Offene Weite, in
dem geschenkten Jetzt-und-Hier,
das insgeheim mich einweihte
in das, was in ihm mich befreite
aus aller Trance alltäglich ver-
gitternder Zersplitterung.

Es lichtet Dich

Es lichtet Dich ein noch verborg`nes Leuchten,
aufrichtet Dich in Deiner Plusgestalt.
Verschattungen, die es bisher verscheuchten,
verlieren ihre streunende Gewalt.

Und plötzlich bricht es ein, das große Staunen,
wenn Du das Leben als Geschenk gewahrst.
In Wellen brandet an ein lichtes Raunen,
in dem Du neu beschenkt im Jubel garst.

Ein Glück, dass Dir dies` manchmal widerfährt!
Lässt Du es sein, wird es Dich weiter lichten,
und die Gewissheit wird sich Dir verdichten:
Süss-bitt`rer Most, er wird zum edlen Wein bekehrt!

Ich glaube, Du bist auch dazu geboren,
präsent zu sein, die Welt als ein Präsent zu schau`n,
Dich labend, daran aufzubau`n und neu gegoren
dieser Welt auch Dein Präsent zu sein.

Nicht verschanzen: LEBEN TANZEN!

Was erhebt sich da in mir,
sprengt mir die geliebten Ketten?
Will es vor mir selbst mich retten?
Denn es zeigt den Weg zur Tür,
die ich gern verschlossen halte
und mich somit selber spalte.

Ich soll einfach zu MIR kommen,
jene Tür deshalb durchschreiten.
Ihr Verschluss wird mir genommen!
Ich darf mich ins WESEN weiten,
das IN-MIR vor Freude singt
und auch vor der Tür erklingt.

Doch sein Singen, es bedroht mich
in der selbstgewählten Klause.
Vor der Tür, da tanzt es fröhlich,
ruft: „Dies ist nicht Dein Zuhause.
Du sollst Dich nicht mehr verschanzen!
Komm heraus! Wir wollen tanzen!

Tanzen darfst Du ALLES LEBEN,
nicht nur, was Du dafür hältst.
Und es ist Dir aufgegeben,
dass Du Dich als Tänzer stellst.
Wirst Du Dich nicht mehr verrenken,
wird das TANZEN sich Dir schenken!"

WACH UND PRÄSENT

Und wenn Du wach bist und
präsent, verändert sich das
Welt-Gesicht. Du schaust in
jedem Welt - Event, was in
ihm leuchtet, transparent
wirst Du für seine tiefste
Schicht. Die Welt
erscheint auch als
Präsent in aller
Gegensätz-
l -ich-
keit.
Aus
ihrer Mitte
tönt ein Raunen:
Ach, lass Dich los
und sei bereit für eine
jetzt-geschenkte Zeit. Und
ohne Ende wirst Du staunen!
Denn stärker ist`s trotz allem Leid,
das Dich alltäglich neu umlauert
und Dir so manchen Tag versauert.
Im Staunen le/e/h/rt Dich Heilsames,
befreit Dich aus dem (D)Eingedrehten.
Es zieht ein sanft Erbarmendes
herauf und will Dich nun vertreten.
Du wirst von ihm zum Tanz gebeten,
zum ursprünglichen Heilungstanz,
und bald schwingst Du in Resonanz
und wirst bei diesem Tanz-Event
für alle anderen zum Präsent.

__Spüren-Spuren-Sich versprühen__

(((((((((((((((((((( ))))))))))))))))))))
Ich weiß es jetzt, ich kann nicht fliehen
vor dem, was mich ins LEBEN senkt.
(((((((((((((((((((( ))))))))))))))))))))
Bei dem Versuch, mich zu entziehen,
werd` ich belohnt, denn es empfängt
mich das, vor dem ich ausgewichen,
doch jetzt mit schärferen Konturen
und mich bedrängenderen Stichen.
((((((((((((((((**ES**))))))))))))))))
fordert von mir, meine Spuren ins
ganze Leben einzuglühen und
mich erneut in Lebenskuren
zu spüren, ihm zu
spuren, mich
mit ihm
zu ver-
sprü-
h
e
n
(((
)))
((((
)))))
((((((
))))))))
((((((((((
))))))))))))
(((((((((((((
)))))))))))))))
((((((((((((((((((
))))))))))))))))))))))
(((((((((((((((((((((((((((((

Denk` mal nicht soviel, sondern lebe! *(Kanon)*

Denk` mal nicht soviel, sondern lebe!

Und gewahre, was das Leben soll!
Denk`mal nicht soviel, sondern lebe!

Spüre es und spure ihm Ton-in-Ton!
Und gewahre, was das Leben soll!
Denk`mal nicht soviel, sondern lebe!

Und dann versprühe in vielen Farben Dich!
Spüre es und spure ihm Ton-in-Ton!
Und gewahre, was das Leben soll!
Denk`mal nicht soviel, sondern lebe!

* Anmerkungen

Alle mit * gekennzeichneten Lieder stammen aus verschiedenen Musik-Textivals, die in Band 4 der Edition LOS in: **Lasse Los: Seid Ihr noch zu retten?** veröffentlicht sind.

➢ „Träume sind besond`re Schäume" und „Wenn..., dann..."
  Aus: **„In allen Farben singen"**

➢ „Transformation" und „Wem willst Du Dich anvertrauen"
  Aus: **„Umkehr - Kur(s)"**

➢ „Memento Mori" und „Denk` mal nicht soviel"
  Aus: **„Seid Ihr noch zu retten?"**

In dem Brief: „Als ich das bess`re Leben suchte ..." habe ich einen „Gottestraum" etwas variiert. In meinem tatsächlichen Traum traten alle drei Mit-Akteure als dunkle, angstvolle Gestalten auf. Da sowohl die Leugnung umfassender WIRKLICHKEIT als auch die Gleichgültigkeit ihr gegenüber Masken der Angst sind, habe ich die Gestalten ihre jeweilige Rolle als Atheist und Gleichgültiger spielen lassen. An der Lysis des Traumes hat sich dadurch nichts verändert!

In: „... und ich erwache traumgeläutert" habe ich mehrere Träume und ein Aufwacherlebnis verarbeitet!

In der Reihe Edition LOS sind bisher erschienen:

Band 1: Lasse Los: Im Staunen bin ich frei gesetzt
Gedichte, Lieder, Texte - 1. Auflage 2001 als Privatdruck, Neuauflage 2016 - BoD, Norderstedt

Band 2: Lasse Los: Verwundert
Heilsames Misslingen – Testlauf in der Kunst des Scheiterns, Gedichte und Briefe – 2001[1] als Privatdruck - Erweiterte Neuauflage 2016 - BoD, Norderstedt

Band 3: Lasse Los: *R*-AUSGEFLOGEN
Ein bunter Abgesang auf einen Kreuzweg in und aus der realexistierenden Kirche! Texte, Gedichte und Briefe - erste Version 2001 als Privatdruck - Erweiterte Neuauflage 2016 - BoD, Norderstedt

Band 4: Lasse Los: Seid Ihr noch zu retten?
Tiefenökologische und spirituelle Gleichnisse als Music-Textivals, Texte, Lieder, Gedichte – 1. Auflage 2001 als Privatdruck – Erweiterte Neuauflage 2016 – BoD, Norderstedt